Vamos a leer sobre...
George Washington

A Keith, con todo cariño.
—K.W.

El autor y los editores agradecen el
valioso asesoramiento de Mary V. Thompson
de Mount Vernon Ladies' Association.
—B.D.

Originally published in English as
Scholastic First Biographies: Lets Read About . . . George Washington

Translated by Carmen Rosa Navarro.

ISBN 0-439-37484-7

12 11 10 9 8 7 6 5 4 3 2 1   02 03 04 05 06

Printed in the U.S.A.   24
First Scholastic Spanish printing, February 2002

Primeras Biografías
Scholastic

Vamos a leer sobre...
George Washington

por Kimberly Weinberger

Ilustrado por Bob Doucet

SCHOLASTIC INC. Cartwheel B·O·O·K·S®

New York   Toronto   London   Auckland   Sydney
Mexico City   New Delhi   Hong Kong   Buenos Aires

George Washington nació en Virginia en 1732.
En esa época, Virginia era una de las trece colonias que pertenecían a Inglaterra.

George creció en el campo.
Le encantaba pescar y montar a caballo.

Tenía muchos hermanos. De ellos,
admiraba sobre todo a Lawrence,
su hermano mayor.
Lawrence era soldado del ejército inglés.
George también soñaba con ser soldado
algún día.

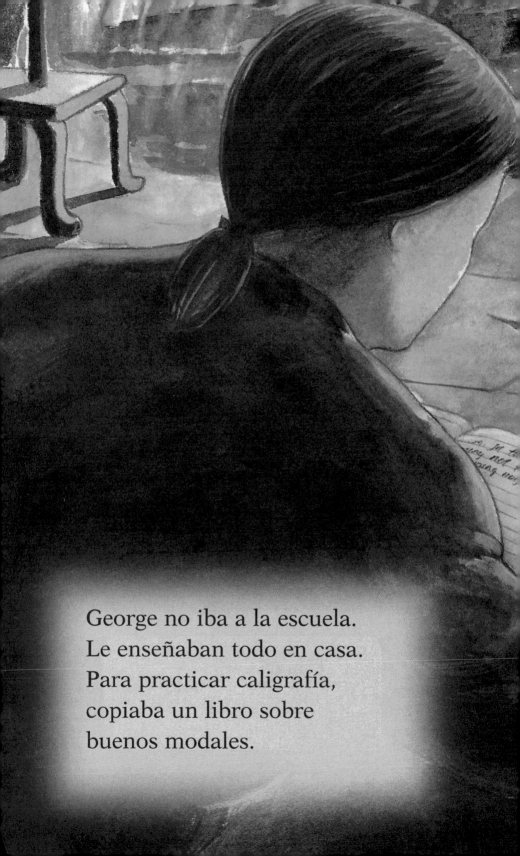

George no iba a la escuela.
Le enseñaban todo en casa.
Para practicar caligrafía,
copiaba un libro sobre
buenos modales.

Cuando cumplió dieciséis años, se
fue a vivir a la hacienda de su hermano
Lawrence en Mount Vernon.
Allí montaba a caballo y cazaba zorros.
Nunca había sido tan feliz.

George aprendió a usar unas herramientas
especiales para medir los terrenos.
Ese era un trabajo muy importante.
Las tierras de América todavía eran nuevas.
La gente necesitaba saber dónde estaban
los ríos, los bosques y las montañas.
George hacía muy bien su trabajo porque
amaba la tierra.

George se convirtió en un hombre
alto y fuerte.
En 1753 entró al ejército como soldado.

En esa época Inglaterra y Francia
estaban en guerra por América.
Los dos países querían ser dueños de
estas nuevas tierras.
George luchó valientemente por
Inglaterra.
Al final, ganó Inglaterra.

La vida de soldado era muy dura.
George se alegró mucho cuando llegó
el momento de regresar a casa,
pero no regresó solo.

En 1759 se casó con Martha Custis,
con quien tuvo dos hijos.

Toda la familia se fue
a vivir a Mount Vernon.
George trabajó como agricultor
durante dieciséis años.

En 1775 George tuvo que ir
a la guerra otra vez.
Esta vez para luchar
contra Inglaterra.

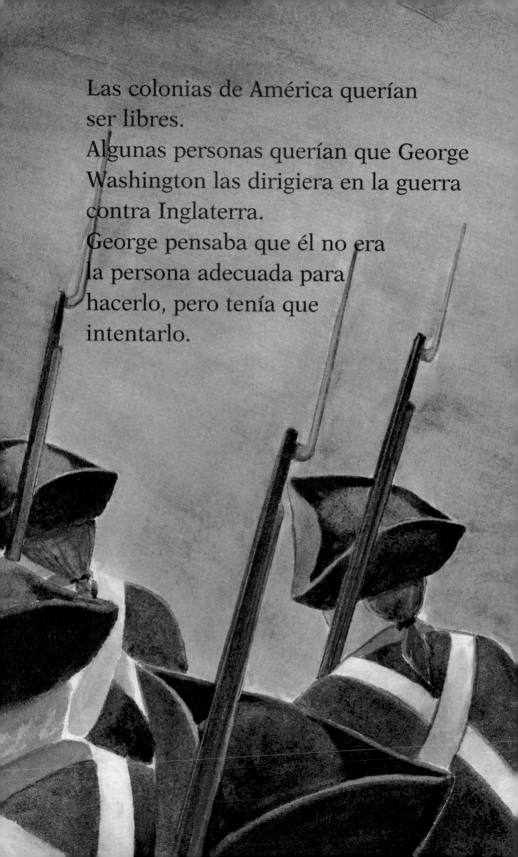

Las colonias de América querían
ser libres.
Algunas personas querían que George
Washington las dirigiera en la guerra
contra Inglaterra.
George pensaba que él no era
la persona adecuada para
hacerlo, pero tenía que
intentarlo.

Inglaterra era un país muy poderoso.
La guerra duró muchos años.
George y sus soldados pasaron hambre,
frío y estaban muy cansados, pero no
podían rendirse.

Con George como líder, las colonias ganaron su libertad en 1783 y se llamaron Estados Unidos de América.

Ahora sólo quedaba elegir a una persona para gobernar el nuevo país. La elección fue fácil. El 30 de abril de 1789 George Washington se convirtió en el primer Presidente de los Estados Unidos.

George Washington era un hombre pacífico que amaba a su patria. Nunca había deseado ser líder, pero sirvió a América en la guerra y en la paz.

Por haber sido el primer presidente, se lo conoce como el Padre de la Patria.